AF309703

NOTICE
DES LIVRES

COMPOSANTS LA BIBLIOTHEQUE

DE FEU M. L'ABBÉ TERRAY,

MINISTRE ET SECRETAIRE D'ÉTAT,

COMMANDEUR DES ORDRES DE SA MAJESTÉ;

Dont la Vente se fera immédiatement après celle des Meubles & autres effets précieux, rue de Jouy, à l'Hôtel d'Aumont.

Se distribue

Chez DUBOIS, fils, Libraire, rue de Condé.

M. DCC. LXXIX.

On vendra, dans chaque Vacation, d'autres bons Livres que le temps n'a pas permis de détailler. Le jour de la Vente sera annoncé par des affiches particulieres.

NOTICE

DES LIVRES

PROVENANTS DE LA BIBLIOTHE-
QUE DE FEU M. L'ABBÉ TERRAY.

THÉOLOGIE.

1. **D**ICTIONNAIRE de la Bible, par
Dom Calmet, 4 vol. *in-fol.*
2. Bible de Dom Calmet, 24 vol. *in-4.*
3. Concorde des quatre Evangélistes, 1 vol.
in-8.
4. Imitation de J. C. par Corneille, 1 vol.
in-12.
5. Epîtres de Saint Paul, par le P. Berruyer,
5 vol. *in-12.*
6. De Imitatione Christi, *Paris, Billaine,*
1 vol. *in-8.*
De Imitatione Christi, 1 vol. *in-12.*

A

7. L'Exiſtence de Dieu, par de Nioventit, 1 vol. *in-4.*

8. De la fréquente Communion, par d'Arnaud, 1 vol. *in-8.*

9. Miſſions des Évêques, 1 vol. *in-8.*

10. Offices de Sainte Geneviève, 1 vol. *in 8.*

11. Apologie Catholique contre les ligués, vélin, 1 vol. *in 8.*

12. Le Chemin de l'amour divin, 1 vol. *in-12.*

13. Recueil de Pieces ſur les Filles de l'enfance, 1 vol. *in-12.*

14. Minutius Felix variorum, 1 vol. *in 8.*

15. Synodes nationaux, par Aimon, 2 vol. *in-4.*

16. Acta Conciliorum, 12 vol *in-fol.*

17. Gallia Chriſtiana, 12 vol. *in-fol.* manque les premier & ſecond.

18. Nova libertatis explicatio, Theophilo Rainaudo, 1 vol. gr. *in-4.*

19. Saint Cyprien, 1 vol. *in-fol.*

20 Jacobi Fimondi Opera, 5 vol. *in-fol.*

21. Oriens chriſtianus, par le Quien, 3 vol. *in-fol.*

22. Élévation à Dieu, par Boſſuet, 2 vol. *in-12.*

23. Réflexions ſur le ſyſtême de la nature, 1 vol. *in-12.*

JURISPRUDENCE.

24. Corpus juris ecclefiaſticis univerſale, 2 vol. *in-fol.*

(3)

A ij

Procès-verbaux, rapports des agents, environ 25 vol. *in-fol.*

42.

43. Défense de l'assemblée du Clergé de France de 1682, par Bossuet, 1 vol. *in-4.*

44. Procédures civiles d'Officialité, par de Combes, 1 vol. *in-fol.*

45. Requête au Roi pour la Primatie de Lyon, 1 vol. *in-fol.*

46. Procédures criminelles faites aux Cardinaux, Archevêques, Evêques, 1 vol. *in-fol.* manuf.

47. Mémoire sur la Jurisdiction du Cardinal de Bouillon, par Vaillant, 1 vol. *in-4.*

48. Procès-verbal de la Chambre ecclésiastique des Etats-Généraux, par Beheti, 1 vol. *in fol.*

49. Le Droit des Evêques, 2 vol. *in-8.*

50. Jurisprudence des Abbés de Cluny, 1 vol. *in-fol.* m. r.

51. Etat général de l'Abbaye de Cluny, 1 vol. *in-4.* manuf. mar. rouge.

52. Prieurés de Cluny, par tout le Royaume, *in-fol.* mar. rouge.

53. Van-Espen varia Opuscula, 1 vol. *in-fol.*

54. Traité général de la Régale, 1 vol. *in-4.* broché.

Traité des Régales, 2 vol. *in-4.*

55. Traité des Dixmes, 2 vol. *in-12.*

56. Affaire des Jésuites, 8 vol. *in-4.* br.

57. Annales *id.* 4 vol. *in-4.* brochés.

58. Un vol. *in-4.* fur les Jéfuites, manuf.

59. Traité des Provifions, par Piales, 2 vol. *in-12.*

60. Traité des Collations, par Piales, 8 vol. *in-12.*

61. Etat & capacité des Eccléfiaftiques, par Duperray, 4 vol. *in-4.*

62. Traité des Gradués, par Piales, 6 vol. *in-12.*

63. Illuftratio facri patrimonii, feu debonis, &c. par le Maître, 1 vol. *in-4.*

64. Droit de la Nature & des Gens, de Puffendorf, traduit par Barbeirac, 1 vol. *in-4.*

65. Inftitutes de l'Empereur Juftinien, par Bontaric, 1 vol. *in-4.* mar. bleu.

66. Code & Digefte, 6 vol. *in-fol.*

67. Inftitutionum imperalium, Vinnii, 2 vol. *in-4.*

68. Pithœi codicem & novellas Juftiniani, 1 vol. *in-fol.*

69. Jurifprudence des Novelles, par Ferrieres, 2 vol. *in-4.*

70. Corpus Juris civilis, 2 vol. *in-fol.*

71. Jacobi Gothofredi, animadverfionum Juris civilis, 1 vol. *in-4.*

72. Mémoire concernant le Sénatus-Confulte, par Froland, 1 vol. *in-4.*

73. Anciennes Loix des François, par Houart, 2 vol. *in-4.* brochés.

74. Loix civiles, 6 vol. *in-4.* doubles.

75. Droit François, par Argout, 2 vol. *in-12.*

A iij

76. Gloſſaire du Droit François, par Delau-
riere, 2 vol. *in-4.*
77. Commentarii in Jus civile, Pariſiorum,
Guerino, 1 vol. *in-fol.*
78. Conférences des Ordonnances, par Gué-
nois, 2 vol. *in-fol.*
79. Rebuffi Conſtitutiones regias, 1 vol. *in-fol.*
80. Ordonnances de Néron, 2 vol. *in-fol.*
81. Ordonnances des Rois de France, Impri-
merie Royale, 8 vol. *in-fol.*
82. Ordonnances de Fontanon, 3 vol. *in-fol.*
83. Capitularia Regum Francorum, 2 v. *in-fol.*
84. Code de Louis XV ſur la Juſtice, 1 vol.
in-24.
85. Notes & obſervations ſur l'Edit de 1685,
par Duperray, 1 vol. *in-12.*
86. Commentaire ſur l'Ordonnance de 1669
& 1873, 1 vol. *in-12.*
87. Procès-verbal de l'Ordonnance de 1667
& 1670, 1 vol. *in-4.*
88. Commentaire ſur l'Edit de 1695, 1 vol.
in-12.
89. Commentaire ſur l'Edit de 1667, 2 vol.
in-12.
90. Recueil d'Edits ſur le contrôle des actes,
1 vol. *in-4.* vélin.
91. Ordonnances ſur le Domaine, par Ca-
rondas le Caron, 1 vol. *in-4.*
92. Bibliotheque du Droit François, par
Becheſer, 3 vol. *in fol.*
93. Conférences du Droit François & Ro-
main, par Automne, 1 vol. *in-fol.*

94. Ordonnances sur les Maréchauſſées de France, 1 vol. *in-4*.

95. L'Eſprit des Ordonnances, par Salé, 1 vol. *in-4*.

96. Réglements ſur l'adminiſtration de la Juſtice en Normandie, *in-24*. double. mar. rouge.

97. Droit commun de la France, 2 vol. *in-fol*.

C O U T U M E S.

98. Mémoire ſur les quéſtions mixtes de Droits & de Coutumes, par Froland, 2 vol. *in-4*.

99. Conférences des Coutumes, par Guénois, 2 vol. *in-fol*.

100. Coutume d'Angoumois, par Vigier, 1 vol. *in-fol*.

101. Coutume d'Artois, 2 vol. *in-12*.

102. Coutume d'Artois, par Maillard, 1 vol. *in-4*.

103. Coutume d'Auxerre, 1 vol. *in-4*.

104. Coutume d'Anjou, par Pocquet de Livonniere, 2 vol. *in-fol*.

105. Coutume de Bar-le-Duc, 1 vol. *in-12*.

106. Coutume de Berry, par Ragneau, 1 vol. *in-fol*.

107. *Id.* par Thomas de la Thomaſſiere, 1 vol. *in-fol*.

108. Coutume de Beauvais & Jéruſalem, par la Thomaſſiere, 1 vol. *in-fol*.

109. Coutume de Bouillon, 1 vol. *in-4*.

110. Consuetudines Burgundiæ, par Chalſeno, 1 vol. *in fol.*

111. Coutume de Bourgogne, par Pegat, 1 vol. *in* 4.

112. Coutume de Bourgogne, par Pomiers, 1 vol. *in-fol.*

Id. par Bouhier, 2 vol. *in-fol.*

113. Coutume de Bordeaux, par Automne, 1 vol. *in* 4.

114. D'Argentré, Coutume de Bretagne, 1 vol. *in fol.*

115. Statuts & Coutume de Breſſe, par Collet, 1 vol. *in-fol.*

116. Gouvernement des Colonies Françoiſes, par Petit, 2 vol. *in-8.*

117. Coutume de Cambray, par Pinault, 1 vol. *in-4.*

118. Coutume de Chartres, 1 volume *in-4.*

119. Coutume de Chaului, 1 vol. *in-4.*

120. Coutume de Châlons, par Billecard, 1 vol. *in* 4.

121. Coutume de Chaumont-en-Baſſigny, 1 vol. *in-8.*

122. Coutume de Chaumont-en-Baſſigny, par Delaiſtre, 1 vol. *in-4.*

123. Statuta Delphinalia, 1 vol. *in-4.*

124. Coutume d'Orléans, par Delalande, 1 vol. *in-fol.*

125. Coutume de Lille, 1 vol. *in-4.*

126. Coutume de l'Orris-Montargis, par Lhoſte, 1 vol. *in-4.*

127. Histoire des Loix & Usages de la Lorraine, 1 vol. *in-fol.*

128. Coutume de Loudunois, par Proust, vélin, 1 vol. *in-4.*

129. Coutume du Maine, Gothique, *in-fol.*

130. Coutume du Maine, par Brodeau, 1 vol. *in-fol.*

131. Coutumes de Mons, Hainault, Bourgogne, de la Mer, 4 vol. *in 4.*

132. Coutume de Montfort-l'Amaury, 1 vol. *in-8.*

133. Remarques & Notes sommaires sur la Coutume du Maine, par Malicotes, 1 vol. *in-fol.*

134. Coutume de Normandie, 1 vol. *in-4.*

135. Coutume réformée de Normandie, par Berault, 2 vol. *in-fol.*

136. *Id.* par Basnage, 2 vol. *in-fol.*

137. Duplessis, sur la Coutume de Paris, 2 vol. *in-fol.*

138. Coutume de Paris, par Tronçon, 1 vol. *in-fol.*

139. Coutume de Paris, par le Maître, 1 vol. *in-fol.*

140. Commentaire sur la Coutume de Paris, par Carondas le Caron, 1 vol. *in-fol.*

141. Coutume de Paris, par Fortin, 1 vol. *in-fol.*

142. Auzanet, sur la Coutume de Paris, 1 vol. *in-fol.*

143. Coutume de Paris, par Brodeau, 2 vol. *in-fol.*

144. Coutume de Poitou, par Boucheul,
1 vol. *in-fol*.

145. Nat. fur la Coutume de Poitou, 1 vol.
in-4.

146. Coutume de Poitou, par Barrault , 1 vol.
in-4. vélin.

147. Statuts de Provence, par Morgues, 1 vol.
in-4. vélin.

148. Statuts de Provence , par Morgues,
1 vol. *in-4.*

149. Coutume de Rheims, par Buridan, 1 vol.
in-fol.

150. Coutume de Salluces, 1 vol. *in-4.*

151. L'Usance de Saintonge , 1 vol. *in-4.*

152. Coutume de Senlis , par Boucheul ,
1 vol. *in-4.*

153. Coutume de Saint-Jean-d'Angeli , par
Maichin , 1 vol. *in-4.*

154. Coutume de Troye , par Legrand , 1 vol.
in-fol.

155. Coutume de Touraine & du Berry ,
2 vol. *in-4.*

156. Coutume de Toloze , 1 vol. *in-4.*

157. Coutume de Vitry-en-Partois , par Du-
rand , 1 vol. *in-fol.*

158. Coutume de Valencienne , 1 vol. *in-12.*
vélin.

159. Coutumier de Vermandois & de Picar-
die , 4 vol. *in-fol.*

160. Dictionnaire des Arrêts de Brillon, 5 vol.
in-fol.

161. Arrêts notables de France , 1 vol. *in-4.*

162. Bibliotheque des Arrêts, par Jovet, 1 vol.
in-fol.

163. Arrêts du Parlement de Paris, par De-
maisons, 1 vol. in-fol.

164. Arrêts de Fillau, 2 vol. in-fol.

165. Arrêts de le Prêtre, 1 vol. in-fol.

166. Arrêts de Bardet, 2 vol. in-fol.

167. Arrêts de Tournet, 2 vol. in-fol.

168. Arrêts de Soueff, 1 vol. in-fol.

169. Arrêts de Louet, 2 vol. in-fol.

170. Recueil d'Arrêts sur la Compagnie des
Indes, 4 vol. in-4.

171. Recueil d'Arrêts de la quatrieme Cham-
bre des Enquêtes, 1 vol. in-4.

172. Arrêts du Parlement de Provence, par
Boniface, 5 vol. in-fol.

173. Arrêts du Parlement de Toulouse, par
la Roche-Flavin, 1 vol. in-fol.

174. Arrêts du Parlement de Tournay, par
Pinault, 2 vol. in-4. m. r.

175. Plaidoyers de Gaultier, 2 vol. in-4.

176. Journal des Audiences, 8 vol. in-fol.

177. Journal du Palais, 2 vol. in-fol.

178. Recueil de Factums, & Mémoires parti-
culiers, en 14 vol. in-fol.

179. Œuvres de M. le Chancelier d'Aguesseau,
10 vol. in-4. dont deux en blanc.

180. Discours du même, 1 vol. in 12.

181. Plaidoyers de Barret, 2 vol. in-fol.

182. Plaidoyers de Claude Expilly, 1 vol. in-4.

183. Plaidoyer de Servin, 1 vol. in-fol.

184. Mémoire pour diminuer le nombre de

procès, par l'Abbé de Saint-Pierre, 1 vol. *in*-12.

185. Mémoire pour l'Université, 1 vol. *in-fol.* manuscrit.

186. Mémoire sur les impositions en France, 4 vol. *in-4.*

187. Mémoire sur la Compagnie des Indes, par l'Abbé Morelet, 1 vol. *in-4.*

188. Ordonnances de la Franche-Comté, par Pétremand, 1 vol. *in-fol.*

189. Edits sur les mines & minieres de France, 1 vol. *in-*12.

190. Ordonnance sur la Justice, par le Duc de Lorraine, 1 vol. *in*-12.

191. Le Prévôt de l'Hôtel, par Miraulmont, 1 vol. *in*-8. mar. r.

192. Code de la Librairie, 1 vol. *in*-12.

193. Traité de la Police, par de la Marre, 4 vol. *in-fol.*

194. Cujacii, 7 vol. *in-fol.*

195. Œuvres de Henris, *in-fol.* tom. I & II.

196. Œuvres de Choppin, 4 vol. *in-fol.*

197. Caroli Molinei Opera, 5 vol. *in-fol.*

198. Œuvres de Guy Coquille, 2 vol. *in-fol.*

199. Œuvres de Duperrier, Avocat, 2 vol. *in*-4.

200. Œuvres de Despeis, 3 vol. *in-fol.*

201. Œuvres de Grimaudet, 1 vol. *in-fol.*

202. Œuvres de Bacquet, 1 vol. *in-fol.*

203. Denisart, 4 vol. *in*-4. vélin.

204. Traité des Fiefs, par Henrion de Pensey, 1 vol. *in*-4.

205. De l'usage des Fiefs, par de Salvaing, 1 vol. *in-fol.*

206. Exercices de Droit françois dédié à MONSIEUR, 1 vol. *in-4.*

207. Droit civil de Normandie, par Terrein, 1 vol. *in-fol.*

208. Traité de la vente par décret, par d'Héricourt, 1 vol. *in-4.*

209. Traité des Minorités, 1 vol. *in-4.*

210. Traité des propres, par Renusson, 1 v. *in-4.*

211. Traité de la subrogation, par Renusson, 1 vol. *in-4.*

212. Don mutuel, par Ricard, 1 vol. *in-4.*

213. Traité des Conventions de succéder, par Boucheul, 1 vol. *in 4.*

214. Jurisprudence des rentes par ordre alphabétique, 1 vol. *in-8.*

215. Traité des droits du Roi, par Dupuy, 1 vol. *in-fol.*

216. Traité des Donations, par Ricard, 1 vol. *in-fol.*

217. Barry de Successionibus, 1 vol. *in-fol.*

218. Traité des Successions, par le Brun, 1 v. *in-fol.*

219. raité de la Communauté, par Renusson, 1 vol. *in-fol.*

220. Traité des propres, 1 vol. *in fol.*

221. Traité des propositions, 1 vol. *in-4.* mf.

222. Traité des droits, privileges & fonctions des Notaires, 1 vol. *in-4.*

223. Traité de l'abus, par Fevret, 2 vol. *in-fol.*

224. Plaisirs, Varennes & Capitainerie, 1 vol. *in*-12.

225. Droits honorifiques, par Simon, 2 vol. *in*-12.

226. Droits seigneuriaux, par Bontaric, 1 vol. *in*-12.

227. Traité des tutelles & curatelles, par Gillet, 1 vol. *in*-4.

228. Tractatus de Usura, Jacobo Gaitte, 1 vol. *in*-4.

229. Projet de taille tarifié, par Saint-Pierre, 1 vol. *in*- 12.

230. Style des Huissiers & Sergents, 1 vol. *in*-12.

231. Bail des Fermes du Roi, par de Forceville, double, 1 vol. *in*-4.

232. Instructions criminelles, par de Vouglans, double, 1 vol. *in*-4.

233. Essai analytique sur l'impôt, *in*-8. mar. rouge.

234. Traité de la majorité de nos Rois, par Dupuis, 1 vol. *in*-4.

235. Privileges des Gardes de la Ville de Paris, par Hay, 1 vol. *in* 4. gr. p. mar. rouge

236. Treize Livres des Parlements de France, par de la Roche-Flavin, 1 vol. *in-fol.*

SCIENCES ET ARTS.

237. Les Beaux-Arts réduits à un même principe, par l'Abbé Batteux. 1 vol. *in*-12.

(15)

238. Boetis confolationes, 1 vol. *in*-12.
239. Leçons de morale & de politique, 1 vol. *in*-8. m. r.
240. Le moyen d'être heureux, 1 vol. *in*-12.
241. Mémoires & Prix de l'Académie de Chirurgie, 7 vol. *in* 4. dont 1 broch.
242. Médecine Univerfelle, 5 vol. *in*-12. mar. rouge.
243. Abrégé de l'Art des Accouchements, par Mᵐᵉ. Bourfier du Coudrai, 1 vol. *in*-8. broch. fig. enlum.
244. De la Confervation des enfants, par Raulin, 2 vol. *in*-8. m. r.
245. Inftructions fuccintes fur les accouchements, par Raulin, 1 vol. *in*-16. m. r.
246. Maladies des femmes en couches, du même, *in*-12. m. r.
247. Traité des Eaux minérales, par Raulin, 1 vol. *in*-12. m. r.
248. Eaux de Verduffau, par Raulin, 1 vol. *in*-12.
249. Traité fur l'Hydropifie, 1 vol. *in*-12. m. r.
250. Maladies des Gens de mer, 1 vol. *in*-8.
251. Traité de la refpiration, par David, *in*-12. m. r.
252. Traité de la nutrition, par le même, 1 vol. *in*-8. m. r.
253. Traité des Fievres de S. Domingue, 1 vol. *in*-12.
254. Traité des Maladies cancéreufes, par Gamet, *in*-8. m. r.

255. Guérison de la Paralysie, 1 vol. *in* 12. maroq. rouge.

256. Traité complet des Bêtes à laines, 2 v. *in*-4. dor. sur tranch.

257. Traité des Sensations, par le Cat, 3 vol. *in*-8. m. r.

258. Dict. de Commerce, par Savary, 3 vol. *in-fol.*

259. Parfait Négociant, par Savary, 2 vol. *in*-4.

260. Marine des anciens peuples, 1 vol. *in*-8. broch.

261. Théorie du Commerce, 1 vol. *in*-4.

262. Remarques sur les avantages & désavantages du Commerce de la Grande-Bretagne, par Dangeul, 1 vol. *in*-12.

263. Mémoires sur la navigation de la Marne, par Grignon, 1 vol. *in*-12. broc.

264. Commerce des Colonies Angloises, 1 v. *in*-12.

265. Mouvements du navire, par Bourdé de Vilhuet, 1 vol. *in*-8.

266. Traité des Horloges marines, par Berthond, 1 vol. *in*-4. m. r.

267. Voyage de Fleurieu, pour éprouver les horloges marines, 2 vol. *in*-4.

268. Voyage de Cassini fils, pour éprouver les montres marines, 1 vol. *in*-4.

269. Mémoires sur les Finances, *in*-8. manuf.

270. Causes de la pesanteur des phénomenes, 1 vol. *in*-8. m. r.

271.

271. Hift. & Mémoires de l'Académie des Sciences, jufqu'en 1772, 87. vol. *in-4.*

272. Veterum Mathematicorum , 1 vol. *in-fol.*

273. Divers Ouvrages de Mathématiques & de Phyfique , 1 vol. *in-fol.*

274. Abrégé de Mathématiques, 1 vol. *in-4.* manufcrit.

275. De l'ufage des Globes, par Bion, 1 vol. *in-8.*

276. Differtation fur la figure de la terre , par Bourguer, 1 vol. *in-8* mar. r.

277. Recueil d'Obfervations fur l'Aftronomie, la Géographie , par l'Académie des Sciences. 1 vol. *in-fol.* Impr. Roy.

278. Parfait Maréchal, par Garfault, 1 vol. *in-4.*

279. Mines de la Lorraine, par Buc'hoz, 1 v. *in-12.*

280. Eléments de Minéralogie, par Sage, 1 v. *in-8.*

281. Eléments de Chymie, par le même , 1 v. *in-8.*

282. Opufcules phyfiques de la Voifier, 1 v. *in-8.*

283. Cornelii Severii Etna, 1 vol. *in-8.* fig.

284. Hift. des Infectes, par de Réaumur, 6 v. *in-4.* fig.

285. Tournefort, Catalogue des plantes, par Buc'hoz, *in-12.* m. r.

286. Dict. des Plantes, par Buc'hoz, 4 vol. *in-8.* m. r.

B

287. Plantes de la Lorraine, par Buc'hoz, 11 v. *in*-12. dorés fur tranch.

288. De la confervation des grains, par Duhamel, 1 vol. *in*-12.

289. Culture des champs, par Dom le Rouge, *in*-12. m. r.

290. Théorie du jardinage, par Schabol, 1 v. *in*-8. m. r.

291. Vénerie royale de Salnove, 1 vol. *in*-4. vélin.

292. Méthode pour détruire les loups, 1 vol. *in*-12. Impr. Roy.

293. Cours d'Architecture, par d'Aviler, 1 v. *in*-4. fig. gr. papier.

294. Architecture-pratique, par Bullet, 1 vol. *in*-8.

295. Les cinq ordres d'Architecture, par Potain, 1 vol. *in*-4. m. r.

296. Détail des ouvrages de menuiferie, par Potain, 1 vol. *in*-8.

297. Plan de l'Églife royale de Frédéric V. 1 vol. *in-fol.* ch. m.

298. Monuments érigés à la gloire de Louis XV, par Patte, *in-fol.* m. r.

299. Plan de l'Hôtel de Ville de Rouen, 1 vol. *in-fol.* ch. m. m. r.

300. Defcription du pont de Moulins, 1 vol. *in-fol.* m. c. m.

301. Catalogue des tableaux du Roi, par l'Epicié, 2 vol. *in*-4.

302. Defcription des tableaux du Palais-Royal, 1 vol. *in*-12.

303. Cours complet d'Optique, par Schmit, 2 vol. *in-4.* broc.

304. Traité des feux d'artifices, par Fraizier, 1 vol. *in-8.*

305. Fétes de Parme, pour Madame Marie-Emilie, 1 vol. *in-fol.* fig. veau c. m.

306. Typographie, ou caracteres de MM. Barbou, 1 vol. *in-4.*

307. Lettres sur le prétendu solon des pierres gravées, 1 vol. *in-4.*

308. Collections de vases, par Fontanieu. 1 vol. *in-fol.* m. r.

309. L'Art de la Porcelaine, par le Comte de Milly, 1 vol. *in-fol.* doré sur tranch.

310. L'Art de faire le vin, par Maupin, 1 vol. *in-12.*

311. Tables des Logarithmes, par Gardiner, *in-fol.* broché.

312. Prophéties de Nostradamus, 1 vol. *in-8.* vélin.

313. Traité de l'Harmonie, par Rameau, 1 vol. *in-4.*

BELLES-LETTRES.

314. Hist. de l'Académie des Inscriptions & Belles-Lettres, 37 vol. *in-4.*

315. Traité des Etudes, par Rollin, 4 vol. *in 12.*

316. Traité du choix & de la méthode des études, par Fleury, 1 vol. *in-12.*

317. Réponse au traité des études monasti-

quès de l'Abbé de la Trappe , 1 vol. *in*-4.
318. Dict. étymologique , par Menage , 2 vol.
in-fol.
319. Glossarium hebraicum, Thomassino , 1 v.
in-fol.
320. Remarques sur la Langue françoise , 1 v.
in-12.
321. Projet pour l'orthographe , par l'Abbé
de Saint-Pierre , 1 vol. *in*-8.
322. Dict. de Trévoux , 5 vol. *in-fol.*
323. Glossaire du Ducange, avec le Supplé-
ment , 10 vol. *in-fol.*
324. Dict. italien de Vénérony , 1 vol. *in*-4.
325. Quitilien , Traité de l'Orateur , par Gé-
doin , 1 vol. *in*-4.
326. Harangues, par de Vaumoriere , 1 vol.
in-4.
327. Tusculanes de Cicéron , 1 vol. *in*-12.
328. Entretien de Cicéron sur la nature des
Dieux, 2 vol. *in*-12.
329. Offices de Cicéron , par Dubois , 1 vol.
in-12.
330. Lettres de Cicéron à Atticus , par
Mougault , 6 vol. *in*-12.
331. Oraisons funebres de Bossuet & Mas-
caron , 2 vol. *in*-12.
332. Apophtegmatum , 1 vol. *in*-8.
333. Théatre des Grecs, du P. Brumoy, 6 v.
in-12.
334. Papinius Statius , 1 vol. *in*-12.
335. Virgile, traduit par le P. Catrou , 6 v.
in-12.

336. Virgilii de Robertus Stephanus, 1 vol. *in-fol.*

337. Per Virgilium veneris cum notis, 1 vol. *in-8.*

338. Le Plutus d'Ariftophane, par Madame Dacier, 1 vol. *in-12.*

339. Grotius poemata, *in-12.* vélin.

340. Plautus variorum, 1 vol. *in-8.*

341. Lucien, par Dablancourt, 2 vol. *in-4.*

342. Les Tristes, Amours, & Ovide contre Ibis, traduites par de Maroles, 3 vol. *in-8.*

343. Lettres de Pline, 3 vol. *in-12.*

344. L'Illiade & l'Odiffée d'Homere, 8 vol. *in-12.*

345. Fables d'Efope, en vers, 1 vol. *in-12.*

346. C. Julii Higini Augufti Liberti Fabularum liber, 1 vol. *in-fol.*

347. Albino Elegiæ, 1 vol. *in-12.*

348. Auli Gellii Noctes Atticæ, cum notis variorum, 1 vol. *in-8.*

349. Réflexions critiques fur la Poéfie & la Peinture, par Dubos, 3 vol. *in-12.*

350. Aventures de Télémaque, 2 vol. *in-12.*

351.

352. Recueil des plus belles Pieces des Poëtes François, 5 vol. *in-12.*

353. Œuvres du fieur de... (Boileau), 2 vol. *in-12.*

354. Œuvres de Clément Marot, 6 vol. *in-12.*

355. Poéfies de Cretin, 1 vol. *in-8.*

356. Œuvres de J. Marot, 1 vol. *in*-8.
357. Poéſies de Coquillard, 1 vol. *in*-8.
358. Œuvres de Villon, 1 vol. *in*-8.
359. Œuvres de Racan, 2 vol. *in*-8.
360. Poéſies de Martial d'Auvergne, 2 vol. *in*-8.
361. Recueil de Pieces, diviſé en 2 vol. *in*-12.
362. Œuvres diverſes de la Fontaine, 3 vol. *in*-8.
263. Le Vice puni, *ou* Cartouche, Poëme, *in*-8. fig.
364. Œuvres de Malherbes, 3 vol. *in*-12.
365. Œuvres de Melin de Saint-Gelais, *in*-12. petit papier.
366. Poéſies galantes de Madame de la Suze, 5 vol. *in*-12.
367 Œuvres de J. B. Rouſſeau, 5 vol. *in*-12.
368. Œuvres mêlées du Chevalier de Saint-Jorry, 2 vol. *in*-12.
369. Poéſies Françoiſes de l'Abbé Régnier des Marais, 1 vol. *in* 8.
370. Recueil de Poéſies, de Mademoiſelle de Saint-Philippe, 1 vol. *in* 12.
371. Poéſies de M. de V... 1 vol. *in*-8.
372. Odes galantes & bachiques de le Brun, 1 vol. *in* 12.
373. Rondeaux, 1 vol. *in*-12. vélin.
374. Chanſons & Vers de divers Auteurs, *in*-4 manuſ. vélin.
375. Œuvres de Chaulieu, 1 vol. *in*-8.
376. Clovis, Poëme, 1 vol. *in*-8.

377. Œuvres de Scaron , 8 vol. *in*-12.
378. L'Agriculture , Poëme , 1 vol. *in*-4. mar. rouge.
379. Fables de la Fontaine , 4 vol. *in-fol.* fig
380. *Id.* par Feffard , 6 vol. *in*-8.
381. Fables de la Motte - Houdart , 1 vol. *in*-12.
382. Fables de le Brun , 1 vol. *in*-12.
383. La Mufe moufquetaire , 1 vol. *in*-12.
384. Œuvres du Pere du Cerceau , 2 vol. *in*-12.
385. Œuvres mélées de Madame de Gomez , 1 vol. *in*-12.
386. Académie galante , 1 vol. *in*-12.
387. Poéfies de Mademoifelle Malcrois de la Vigne , 1 vol. *in*-12.
388. Théatre François , 6 vol. *in*-8.
389. Hiftoire du Théatre François , par Parfait , 15 vol. *in*-12.
390. Théatre François, *ou* Recueil des meilleures Pieces du Théatre François , 12 vol. *in*-12. manque le troifieme.
391. Œuvres de Racine , avec les Commentaires de Laneau , 7 vol. *in*-8.
392. Théatre de Pierre & Thomas Corneille , 11 vol. *in*-12.
393. Œuvres de Pierre Corneille , avec les Commentaires de Voltaire , 12 vol. *in*-8.
394. Œuvres de Crébillon , 3 vol. *in*-12.
395. Théatre de la Motte , 2 vol. *in*-8.
396. Théatre de Quinault, 5 vol. *in*-12.
397. Théatre d'Autereau , 4 vol. *in*-12.

398. Théatre de Hauteroche, 3 vol. *in*-12.
399. Théatre de Palaprat, *in*-12.
400. Œuvres de la Grange-Chancel, 3 vol. *in*-12.
401. Théatre de Bourfault, 3 vol. *in*-12.
402. Théatre de Saint-Foix, 3 vol. *in*-12.
403. Théatre de Mont-Fleury, 3 vol. *in*-12.
404. Théatre de Champmeflé, 2 vol. *in* 12.
405. Théatre de Campiftron, 2 vol. *in*-12.
406. Théatre de Brueis, 3 vol. *in*-12.
407. Œuvres de Dufrefny, 4 vol. *in*-12.
408. Théatre de le Grand, 4 vol. *in*-12.
409. Théatre de Deftouches, 5 v. *in*-12. vél.
410. Théatre de Dancourt, 8 vol. *in*-12.
411. Œuvres de Pradon, 2 vol. *in*-12.
412. Théatre de Baron, 2 vol. *in*-12.
413. Théatre de Mademoifelle Barbier, 1 vol. *in*-12.
414. Œuvres de Moliere, 8 vol. *in*-12.
415. Théatre de Regnard, 4 vol. *in*-12.
416. Œuvres de Poiffon, 2 vol. *in*-12.
417. Théatre Italien de Gherardi, 6 vol. *in*-12.
418. Nouveau Théatre Italien, 9 vol. *in*-12.
419. Parodies du Théatre Italien, 4 vol. *in*-12.
320. Théatre de la Foire, 10 vol. *in*-12.
421. Il Paftor fido de Guarini, 1 vol. *in*-4.
422. Nuovo Theatro Italiano, 3 vol. *in*-12.
423. Opere del Metaftaze, 4 vol. *in*-12.
424. Théatre Anglois, par de la Place, 8 vol. *in*-12.

425. Théâtre Danois, par Holberg, 1 vol. *in*-8.

426. Poésies Toscanes, par l'Abbé Regnier des Marais, 1 vol. *in* 12.

427. Raccolta di Rime Italiane, 1 vol. *in*-8.

428. Raccolta di Lettere del Cardinale Bentivoglio, 1 vol. *in*-4. vélin.

429. La Jerusalemme liberata di Taffoni, 2 vol. *in*-4. gr. p.

430. Jérusalem délivrée, par Mirabeau, 2 vol. *in*-12.

431. Jerusalemme liberata di Taffoni, 1 vol. *in*-4.

432. Orlando di Ariofto, 1 vol. *in*-4. fig. en bois.

433. Roland-le-Furieux, traduit par Mirabeau, 4 vol. *in*-12.

434. Léonidas, Poëme traduit de l'Anglois, 1 vol. *in* 12.

435. La Chriftiade, 6 vol. *in*-12. fig.

436. Bibliotheque orientale, par d'Herbelot, 1 vol. *in-fol.*

437. Œuvres de Saint-Evremond, 5 vol. *in*-12.

438. Œuvres de Cirano de Bergerac, 3 vol. *in*-12.

439. Œuvres de Fontenelle, 6 vol. *in* 12.

440. Œuvres de Rabelais, 5 vol. *in*-8.

441. Bibliotheque choifie de Colomiés, 1 vol. *in* 12.

442.

443. Lettres Perſanes , par Monteſquieu , 1 vol. *in-12.*

444. Lettres de Madame de Sévigné, 8 vol. *in-12.*

445. Lettres de Crébillon le fils, 1 vol. *in-12.*

446. Lettres de Gui Patin, 3 vol. *in-12.*

447. Mémoires de Littérature, par l'Abbé d'Artigny, 7 vol. *in-12.*

448. Œuvres de Toureil , 4 vol. *in-12.*

449. Le Monde enchanté, par Becker, 4 vol. *in-12.*

450. Hiſtoire de Marguerite d'Anjou , par l'Abbé Prévôt, 2 vol. *in-12.*

451 Cléveland , 8 vol. *in-12.* manque le cinquieme.

452. Hiſt. de la Sultane de Perſe , conte turc, 1 vol. *in-12.*

453. Sapor , Roi de Perſe , 1 vol. *in-12.*

HISTOIRE.

454. Atlas de Danville, pour la Géographie ancienne, 1 vol. *in-fol.*

455. Méthode de Géographie, par le P. Buffier, 1 vol. *in-12.*

456. Dict. Géographiq. de Voſgien, 1 vol. *in-8.*

457. Dictionnaire de la Martiniere , 10 vol. *in-fol.*

458. Le Neptune Oriental , 1 vol. *in-fol.* ch. m.

459. Le Neptune François, 1 vol. *in-fol.* ch. m. mar. rouge.

460. Hydrographie Françoiſe , pour le ſer-

vice de la Marine, 2 vol. *in-fol.* ch. m. mar. rouge.

461. Atlas maritime de France, 5 vol. *in-fol.* mar. rouge.

462. Atlas de Gueudeville, 7 volumes *in-fol.*

463. Hift. générale des Voyages, par l'Abbé Prévôt, 17 vol. *in-4.*

464. Voyages de Chardin, 3 volumes *in-4.* figures.

465. Voyages de Chabert, 1 vol. *in-4.* mar. rouge.

466. Voyages dans la mer du Nord, par Kerguelen, 1 vol. *in 4.* mar. rouge.

467. Mémoire des Découvertes dans les Indes, par Grenier, 1 vol. *in - 4.* mar. bleu.

468. Voyage de Dampierre, 5 vol. *in-12.*

469. Voyages de Paul Lucas, 3 vol. *in-12.*

470. Abrégé de l'Hiftoire Univerfelle, par Voltaire, 2 vol. *in-12.*

471. Difcours fur l'Hiftoire Univerfelle, par Boffuet, 2 vol. *in-12.*

472. Hiftoire Univerfelle de Dethou, 16 vol. *in-4.*

473. Hiftoire Univerfelle d'une Société de Gens de Lettres, 36 vol. *in-4.*

474. L'Art de vérifier les dates, 1 vol. *in-fol.* doré fur tranch.

475. Hiftoire Profane, 6 vol. *in-12.*

476. Hiftoire générale des Guerres, par le Chevalier d'Arcq. 2 vol. *in-4.*

477. Coſtume des anciens Peuples, 15 cahiers, 1 vol. *in-4.* doré ſur tranch.

478. Hiſtoire eccléſiaſtique de Fleury, 26 vol. *in-4.*

479. Juſtification des Diſcours de l'Hiſtoire eccléſiaſtique , de Fleury , 1 volume *in-12.*

480. Hiſtoire de l'Egliſe , 4 vol. *in-12.*

481. Hiſtoire du Peuple de Dieu , par Berruyer, 18 vol. *in-12.*

482. Vie de la Mere Marie , par Linguet, 1 vol. *in-4.*

483. Hiſt. du Concile de Trente, par Amelot de la Houſſayo , 1 vol. *in 4.*

484. Hiſt. des Ordres Monaſtiques , par Héliot, 8 vol. *in-4.*

485. Eclairciſſement des Privileges de l'Ordre de Cîteaux , 1 vol. *in-4.*

486. Chronique générale de l'Ordre de Saint-Benoît, par Matthieu, 1 vol. *in-4.*

487. Hiſt. de l'Ordre de Saint-Lazare, 1 vol. *in-4.* gr. p.

488. Regula Sancti Benedicti , 1 vol. *in-8.* mar. rouge.

489. Regula Sancti Victori , 1 vol. *in-12.* mar. rouge.

490. Inſtructions & Lettres ſur le Concile de Trente, 1 vol. *in-4.* vélin.

491. Morale-pratique des Jéſuites , 1 vol. *in-4.*

492. Vies du Pape Alexandre VI & de Céſar Borgia, 2 vol. *in-12.*

493. Vie de Frère Fiacre, Carme, 1 vol. *in*-12.

494. Autorité du Pape, 3 vol. *in*-12.

495. Les Guerres d'Alexandre, par Arian, 1 vol. *in*-8.

496. Histoire Romaine de Xiphilin, 2 vol. *in*-12.

497. Histoire Romaine de Laurent Echard, 16 vol. *in*-12.

498. Histoire de la décadence de l'Empire Romain, par Gibbon, 4 vol. *in*-8. broch.

499. Historiæ Bizantinæ, Combeficii, 1 vol. *in-fol.*

500. Nicephorii Gregoræ, Bizanti Historia, Boivin, 1 vol. *in-fol.*

501. Zonaræ, aut Ducange, 2 volumes *in-fol.*

502. Antiquités Romaines, de Denis d'Halicarnasse, 2 vol. *in*-4.

503. Mœurs & usage des Romains, 1 vol. *in*-12.

504. Fasti d'Europa, 2 vol. *in*-4. doré sur tr. figures.

505. Histoire des Guerres d'Italie, par Guichardin, 3 vol. *in*-4.

506. Etablissements de la Monarchie Françoise dans les Gaules, par Dubos, 3 vol. *in*-4.

507. Historiæ Francorum, aut Duchesne, 5 vol. *in-fol.*

508. Histoire de France, par Daniel, 10 vol. *in*-4.

509. Abrégé Chronologique de l'Histoire de France, par Mézeray, 3 vol. *in-4.*

510. Histoire de France de Velly, 12 vol. *in-4.*

511. Histoire de France, par Châlons, 3 vol. *in-12.*

512. Histoire de l'origine & progrès de la Monarchie Françoise, par le Gendre, 4 vol. *in-12.*

513. Mœurs des François, 1 vol. *in-12.*

514. Recueil des Rois de France, leur Couronne & Maison, par du Tillet, 1 vol. *in-fol.*

515. Histoire de la Maison de Bourbon, par Desormeaux, 2 vol. *in 4.* mar. rouge.

516. Histoire généalogique des Dauphins de Viennois, 1 vol. *in-12.*

517. Généalogie de la Maison de France, par Anselme, 2 vol. *in-fol.*

518. Histoire de la Chancellerie, par Tesseran, 2 vol. *in-fol.*

519. Catalogue des Chevaliers de l'Ordre du Saint-Esprit, 1 vol. *in-fol.*

520. Histoire de l'Ordre du Saint-Esprit, par Saint-Foix, 4 vol. *in-12.*

521. Histoire de Saint-Louis, 1 vol. *in-4.*

522. Histoire de Saint-Louis, 1761, 1 vol. *in-fol.*

523. Histoire de Saint Louis, par Ménard, 1 vol. *in-4.*

524. Histoire de Louis XII, 2 vol. *in-4.*

525. Lettres de Louis XII, 4 vol. *in-12.*

526. Histoires de Varillas, contenant Char-
les VIII, 3 vol. ; Henri II , 4 vol. ; Hen-
ri III , 6 vol. ; Louis XII, 6 vol. : en tout
19 volumes *in*-12.

527. Histoire de Charles VIII, par Gode-
froy, 2 vol. *in*-12.

528. Commentaires de Mont-Luc, 2 vol.
in-12.

529. Histoire des Camisards, 2 vol. *in*-12.

530. Mémoire du Maréchal Duplessis, 1 vol.
in-4.

531. Mémoires de Philippe Dumornay, 2 vol.
in-4. Elz.

532. Mémoires de Marguerite de Valois ,
Reine de France, 1 vol. *in*-12.

533. Histoire de la Maison de Montmorency,
par Desormeaux, 5 vol. *in*-12, maroq.
rouge.

534. Histoire du Vicomte de Turenne, 2 vol.
in-4. gr. pap.

535. Histoire du Duc de Bouillon, 3 vol.
in-12.

536. Mémoire de Maurice, Duc de Bouillon,
1 vol. *in*-12.

537. Vie du Cardinal de Richelieu, 2 vol.
in-12.

538. Histoire du Cardinal Mazarin, 2 vol.
in-12.

539. Lettres du Cardinal d'Ossat, 5 vol.
in-12.

540. Vie du Prince de Condé, 1 volume
in-12.

541. Mémoires de Déageant, 1 vol. *in-12.*
petit papier.
542. Mémoires de Lené, 2 vol. *in-12.*
543. Mémoires d'Artagnan, 3 vol. *in-12.*
544. Mémoires de M. de la Colonie, 2 vol.
in-12.
545. Mémoires d'Omer Talon, 8 vol. *in-12.*
546. Mémoire de la Rochefoucault, 1 vol.
in-12.
547. Histoire de Mademoiselle de la Charce,
1 vol. *in-12.*
548. Lettres de Filtz Moritz, 1 vol. *in-12.*
549. Le Royalisme, *ou* Mémoires de du
Barry de Saint-Aunez, 1 vol. *in-8.*
550. Fêtes des Menus-Plaisirs du Roi, 1 vol.
in-fol. mar. rouge. ch. m.
551. Description de la Place de Rheims,
1 vol. *in-fol.* mar. rouge. ch. m.
552. Mémoires historiques sur les Beaujo-
lois, 1 vol. *in-8.* r. p. d'h.
553. Traité de la Noblesse des Capitouls de
Toulouse, 1 vol. *in-4.* mar. bleu.
554. Récit de ce qui s'est passé pour la
construction d'un Hôtel-Dieu, *in-4.* gr. p.
mar. rouge.
555. Historiæ Normanorum, aut Duchesne,
1 vol. *in-fol.*
556. Histoire d'Allemagne, par le P. Barre,
11 vol. *in-4.*
557. Histoire d'Angleterre, par Thoiras,
15 vol. *in-4.*
558. Vie d'Anne Stuart, 1 vol. *in-12.*

559. Mémoires d'Angleterre, contenant l'Histoire des deux Roses, 2 vol. *in*-12.

560. Mémoire pour l'Histoire de Hollande, par Aubert, 1 vol. *in*-8.

561. Histoire du Commerce, 6 volumes *in*-8.

562. Histoire de Malthe, par de Vertot, 4 vol. *in*-4.

563. Mémoires de Vordac, 2 vol. *in*-12.

564. Histoire de Pologne, 5 vol. *in*-12.

565. Anecdotes de Pologne, 1 vol. *in* 12.

566. Révolutions de Suede, par de Vertot, 2 vol. *in*-12.

567. Histoire des Uscoques, 1 vol. *in*-12.

568. Histoire d'Espagne, de Mariana, 9 vol. *in*-12.

569. Abrégé de l'Histoire d'Espagne, par Desormeaux, 5 vol. *in*-12. mar. rouge.

570. Histoire des Guerres civiles des Espagnols dans les Indes, 2 vol. *in*-12.

571. Histoire des Incas, & Conquéte du Mexique, par de Solis, 4 vol. *in*-12.

572. Conquêtes de l'Espagne, par les Maures, 2 vol. *in*-12.

573. Réunion du Royaume de Portugal à la Castille, 2 vol. *in*-8.

574. L'Antiquité expliquée, par Montfaucon, 10 vol. *in-fol.* 1719.

575. Bibliotheque ecclésiastique de Dupin, 15 vol. *in*-8.

576. Histoire littéraire de la France, par les Bénédictins, 12 vol. *in*-4.

C

577. Journal de Trévoux, commençant en 1071 jusqu'en 1769, 292 vol.

578. Mercure de France, & Choix, *id.* 146 vol. *in-12.*

579. Jugements fur quelques ouvrages nouveaux, par l'Abbé Desfontaines, 6 vol. *in-12.*

580. Ouvrages des Savants, par Basnage, 24 vol. manque le onzieme.

581. Bibliotheque choisie de Leclerc, 15 vol. manquent les premier & second.

582. Bibliotheque univerfelle de Leclerc, 26 vol. *in-12.* pet. pap.

583. Bibliotheque de la France, par Fontette, 3 vol. *in-fol.* gr. pap. mar. rouge.

584. *Id.* 2 vol. *in-fol.* pet. pap.

585. Bibliotheque de la Croix du Maine, & Duverdier, 6 vol. *in-4.* mar. rouge.

586. L'Année Littéraire de Fréron jusqu'en 1769, 64 vol. *in-12.*

587. Journal de Verdun, 48 vol. *in-12.*

588. Journal des Savants, depuis fon origine jusqu'à préfent, environ 150 vol. *in-4.*

589. République des Lettres, 28 vol.

590. Bibliotheque Italique, 9 vol. *in-12.*

591. Eloge des Savants, par Baillet & l'anti-Baillet, 6 vol. *in-12.*

592. Vies des Hommes illuftres de Plutarque, par Dacier, 9 vol. *in-4.*

593. Abrégé des vies des anciens Philofophes, 1 vol. *in-12.*

594. Vie de Caſſiodore, Chancelier de Théo-doric-le-Grand, 1 vol. *in-12.*

595. Mémoire de la Vie de Thou, 1 vol. *in-4.*

596. Vie de Gaſſendi, 1 vol. *in-12.*

597. Mémoires pour ſervir à la vie des Hommes illuſtres, par Niceron, 43 vol. *in-12.*

598. Abrégé de la Vie des Peintres, 1 vol. *in-12.*

599. Dictionnaire de Moréry avec les Suppléments, 10 vol. *in-fol.*

600. Dictionnaire de Bayle, 4 vol. *in-fol.* 1720.

601.

DISTRIBUTIONS DES VACATIONS.

PREMIERE VACATION.

Théologie. . Nº.   1 à   4.
Juriſprudence. . .   24 à   54.
Sciences & Arts. 237 à 248.
Belles-Lettres. . . 314 à 334.
Hiſtoire. . . . . . 454 à 476.

SECONDE VACATION.

Théologie. . . .   5 à   8.
Juriſprudence. . .   55 à   84.
Sciences & Arts. 249 à 260.
Belles-Lettres. . . 335 à 355.
Hiſtoire. . . . . . 477 à 499.

TROISIEME VACATION.

Théologie. . . . 9 à 12.
Jurifprudence. . . 85 à 112.
Sciences & Arts. 261 à 272.
Belles-Lettres. . . 356 à 376.
Hiftoire. . . . . . . 500 à 522.

QUATRIEME VACATION.

Théologie. . . . 13 à 15.
Jurifprudence. . . 113 à 142.
Sciences & Arts. 273 à 284.
Belles-Lettres. . . 377 à 397.
Hiftoire. . . . . . 523 à 545.

CINQUIEME VACATION.

Théologie. . . . 16 à 18.
Jurifprudence. . . 143 à 172.
Sciences & Arts. 285 à 296.
Belles-Lettres. . . 398 à 417.
Hiftoire. . . . . . 546 à 567.

SIXIEME VACATION.

Théologie. . . . 19 à 21.
Jurifprudence. . . 173 à 204.
Sciences & Arts. 297 à 308.
Belles-Lettres. . . 418 à 438.
Hiftoire. . . . . . 568 à 585.

SEPTIEME VACATION.

Théologie. . . .	21 à 23. . .
Jurisprudence. . .	205 à 236.
Sciences & Arts.	309 à 313.
Belles-Lettres. . .	439 à 453.
Histoire.	586 à 601.

Lu & approuvé à Paris ce 15 Janvier 1779.
GOGUÉ, Adjoint.

De l'Imprimerie de L. JORRY, rue de la Huchette.

www.ingramcontent.com/pod-product-compliance
Ingram Content Group UK Ltd.
Pitfield, Milton Keynes, MK11 3LW, UK
UKHW021647090726
13657UKWH00004B/1817